Qalb Gulshani

Turdiqulov Kamronbek

© Turdiqulov Kamronbek
Qalb Gulshani
by: Turdiqulov Kamronbek
Edition: June '2024
Publisher:
Taemeer Publications LLC (Michigan, USA / Hyderabad, India)

ISBN 978-93-5872-366-3

© **Turdiqulov Kamronbek**

Book	:	**Qalb Gulshani**
Author	:	**Turdiqulov Kamronbek**
Publisher	:	Taemeer Publications
Year	:	'2024
Pages	:	134
Title Design	:	*Taemeer Web Design*

Turdiqulov Kamronbek Muzaffar o'g'li (Komron Mirzo)

Surxondaryo viloyati Sherobod tumanida 2001-yil 30-martda tavallud topgan. Ayni damda Termiz davlat Universiteti Ijtimoiy fanlar fakulteti Amaliy psixologiya yo'nalishi 3-kurs 221-guruh talabasi. Serqirra ijodkor, shoir hamda bo'lajak o'z kasbining ustasi. Ilk ijodiy ishi 2016-yil "Sinfdosh" jurnalida chop etilgan. Ayni kunda "O'zbakistonda ta'lim", "Smile" jurnallarida, "Ezgulik", "Bekajon plus" gazetalarida ijod ishlari ommaga taqdim etilgan. Bundan tashqari O'zbekiston hamda Qozog'iston hamkorligida tashkil etilgan "Qo'shqanot" ijodiy guruhining, Toshkentda faoliyat olib borayotgan "Mushoira" klubing to'laqonli a'zosi. Online hamda an'anaviy o'tkaziladigan ijodiy tanlovlarda faol qatnashib faxrli o'rinlarni olib kelmoqda. Bundan tashqari "Ilm fan-targ'ibotchisi" medali va "Xalqaro xizmatlari uchun" ko'krak nishoni sohibi.

1-Jamoling sog'indi bu yurak...

Tosh yog'sa yomg'irmas osmondan
Sog'inchlar to'ydirsa shu jondan
Topolmay Qarshi-yu Surxondan
Jamoling sog'indi bu yurak...

Dardimni tinglaydi ohular
Nurdayin chorlaydi yog'dular
Qilsang ham afsun-u jodular
Jamoling sog'indi bu yurak...

Kulgular bo'ldida begona
Ishqimsan men uchun yagona
Aqlimdan etding-ku devona
Jamoling sog'indi bu yurak...

Dardlarim sig'masa olamga

Yorilgim kelmaydi onamga
Cho'ksamki tubi yo alamga
Jamoling sog'indi bu yurak...

Ko'zlaring sezmaydi sevganim,
Hajringda olovda kuyganim,
Oh mening eng yaxshi ko'rganim,
Jamoling sog'indi bu yurak...

Taratding ko'nglimga ziyoni
Tor aylab qo'yding-ku dunyoni
Qiynama oshig'ing Mirzoni
Jamoling sog'indi bu yurak...

Visoling qumsaydi bu yurak....

2-Ko'nglimni ko'nglidan qolib ketgansiz...

Xayollarim xayoldan olib ketgansiz

Sevib turib sevgimdan tonib ketgansiz
Xiyonat-u jafoga qonib ketgansiz
Ko'nglimni kónglidan qolib ketgansiz

Qòllarim yetmayin bo'lgansiz sarob
Tutolmay bo'lganda holatim xarob
Sevgidan mast bo'lib ichganda sharob
Ko'nglimni kónglidan qolib ketgansiz

Nomalar bitarman yetib bormasdan
Azobli kunlarim ótib bormasdan
Kózimda yoshlarim qotib qolmasdan
Kónglimni kónglidan qolib ketgansiz.

Ovozsiz yig'layman darddan kulaman
Dardlarim davosi sizsiz bilaman
Sevgisiz hayotda ne ham qilaman
Ko'nglimni kónglidan qolib ketgansiz.

Bunchalar bo'lmasa va'dalar yolg'on
Qilgansiz yurakni paykonga nishon
Nomingiz aytmoqga or qilar zabon
Kónglimni kònglidan qolib ketgansiz

Afsus umr ótar sarob ròyoda
Mehringiz kutgandim bir kam dunyoda
Qasdingiz bormidi ayting Mirzoda
Ko'nglimning ko'nglidan qolib ketgansiz.

3-Zamona oxirmi deymanda...

Yoshlari bo'lsa ham saksonda
Keksalar nosvoyi hamyonda
Turmaslar bomdodga azonda
Zamona oxirmi deymanda

Asramas farzandlar onasin
Bir chetga otishsa bolasin
Buyumdek qadri yo otasin
Zamona oxirmi deymanda

Ko'rsangiz benikoh beorlar
Ranjitib qalbingiz ozorlar
Insofni sotguvchi bozorlar
Zamona oxirmi deymanda

Yoqlamas yil o'tsa qabriston
Óqilmas bir yilda bir Qur'on
Qolmadi bizlarda hech iymon
Zamona oxirmi deymanda

Tongacha òz holi xotirjam
To peshin vaqtiki olgay dam
Uyquda o'tadi xufton ham
Zamona oxirmi deymanda

Beamal olimdir dahosi
Kufr-u shirk qilgan xatosi
Yolg'ondir chiqargan fatvosi
Zamona oxirmi deymanda

Odatiy hol bo'ldi zinolar
Qulab tushdi iymonli binolar
Ochildi ko'z kabi siynalar
Zamona oxirmi deymanda

Erkaklar qizg'onmas ayolin
Fahshdan tiyolmay xayolin
Ta'ziyada o'rashar ro'molin
Zamona oxirmi deymanda

Kim o'zar qurilsa saroylar
Peshvosiz yurishsa muridlar
Ustimizdan kulsa johillar

Zamona oxirmi deymanda

Nimalar orzusi har banda
Shohlikda davoli xonanda
Demakki "Navoiy" boʻbmanda
Zamona oxirmi deymanda

Namuncha noliysan ey Mirzo
Bòlmadi odobing hech raso
Mahsharda olmagin qòy jazo
Zamona oxirmi deymanda

4-Joynamozda jonimni olgin ey tangrim...

Bugun borman, erta yoqdirman balkim
Tushunmas soʻzlarimni ham har kim
Qoʻlimda joynamoz dilimda takbir
Joynamozda jonimni olgin ey tangrim

Gunohim beadad poyoni yoqdir
Qulingman! isyonu fujurim ko'pdir
Bilaman, himmating adog'i yo'qdir
Joynamozda jonimni olgin ey tangrim

Aldanib dunyoning sayqallariga
Sevgida bemehr haykallariga
Kirganimda ajal paykallariga
Joynamozda jonimni olgin ey tangrim

Keltirmadim xayolga hech namozim
Ishqda masrur qo'yib jo'shqin ovozim
Gunohlarim bosar savob tarozim
Joynamozda jonimni olgin ey tangrim

Namozim unutdir, boshda har balo
Iymonsiz dardlarim bo'ldi bedavo
Deb o'lay, sajdada, robbiyal a'lo
Joynamozda jonimni olgin ey tangrim

Rózalar tutayin musulmon bo'lib
Qalbimga gavharu hidoyat tòlib
Qiyomatda Rasulim kaforat bo'lib
Joynamozda jonimni olgin ey tangrim

Alishsam arziydi mahshar vahmiga
Rohatin, dunyolar jirkanch zaxmiga
Telba Mirzo keltirmas hech ham fahmiga
Joynamozda jonimni olgin ey tangrim

5-Avvalo, Allohni tanigin bolam!

Jannatning kaliti iymon e'tiqod
Qalbingga ezgulik solsin-da hayot
Toparsan boqiyda ezgu saodat
Avvalo, Allohni tanigin bolam!

Òqib bo'lma mayli, ilmda obid

Mashhurkim alloma yoki muzohid
Islomda bo'lgin eng ulug' mujohid
Avvalo, Allohni tanigin bolam!

Talashib tortishma riyo uchun sen
Xizmat qil elingga ziyo uchun sen
Yaxshilik qil òg'lim Xudo uchun sen
Avvalo, Allohni tanigin bolam!

Mayli she'rlar yozma men kabi ash'or
Qilgan xatoyimni etmagin takror
Sevsin bandasimas, ul Parvardigor
Avvalo, Allohni tanigin bolam!

Hayotim sensan-ku umrim davomchim
Yetolmagan orzum, baxtim,kamolim
Fikring tiniq bo'lsin,toza zilolim
Robbingni tanigin avvalo bolam!

Nasib etsa Alloh fazl-u, karami
So'ndirmasa ijod ilhomim mani
Qori qilgum nasib bir kuni sani
Avvalo, Alifni tanigin bolam!

Oshno bo'lgin óqib ilm ahliga
Amal qilgin Islom dini farziga
Sayr etar ruhing jannat qasriga
Avvalo, qalbingni pok qilgin bolam!

Ey dòstlar,sizgamas yozgan bu baytim
Óg'limga onalik sózlarim bitdim
Mirzoni nidosin she'r qilib aytdim
Avvalo, òzliging tanigin bolam!

6-Yo rabbiy

Nigorimning dastidan
Ado bo'ldim yo rabbiy,

Hijron ichra visoldan
Judo bo'ldim yo rabbiy.

Bir bechora qulingman
Davo izladim sendan,
Zaboni bor lek beun
Sado bo'ldim yo rabbiy.

Chiroy baxshida etar
Yuzlarida dona hol,
Qomatlari kelishgan
Parilardek qiylu qol

Firoqida etmishdir
Oh tetik qaddimni dol,
Xomush kuylar cholg'uvchi
Sato bo'ldim yo rabbiy.

Sevib balki yanglishdim

(Alif atadim u)ni ,
Osiy bo'ldim yo rabbiy
Kechir gunohim meni.

U qizchalik sevmadim
Yaratganim hech seni,
Elga ibrat bo'lguvchi
Xato bo'ldim yo rabbiy.

Rahm ayla nigorim
Rahmlarga sen konsan,
Bo'layin senga oshiq
O'zing shavqi jononsan.

Mirzo sen ochgin kózing
Bu dunyoda mehmonsan,
Ibodating beholdir
Safo bo'ldim yo rabbiy.

7-Sensiz qandoq yashayman...

Kelgin seni zor kutdim
Sogʻinganga óxshayman
Har lahza hijron yutdim
Sensiz qandoq yashayman

Sensiz zimiston kunim
Zulmat ichra qahshayman
Dardimga bólgin malham
Men bemorga óxshayman

Yillar koʻrmay yuzingni
Olguvchi jon kòzingni
Totli shirin soʻzingni
Sogʻindim kóp qumsayman

Bu dunyoda armonim
Boʻldingmi menga jonim

Yolg'izim mehribonim
Sensiz qandoq yashayman

Sog'inch sarhadin buzib
Visoldan lashkar tuzib
Yuragim ketma uzib
Men ólganga o'xshayman

Sen bólding menga armon
Sevgimiz zoru hayron
Qalbimni etding vayron
Endi bejon yashayman

Ko'p kuyinma sen Mirzo
Omading berar Xudo
Bo'lma o'zingdan judo
Men Majnunga o'xshayman.

8-Sizni duo qilay keling, qadrdonim...

Yer-u samo borliq, yana olam haqqi
Kòzda qalqib turgan, durdek jolam haqqi
Dildan chiqqan samimiy, har nolam haqqi
Sizni duo qilay keling, qadrdonim...

Bomdod namoz o'qib, yana xuftongacha
Òtar bo'lsa umrim, toqadar shomgacha
Nasib etsa, kelasi shu Ramazongacha
Sizni duo qilay keling,qadrdonim...

Ta'lim bergan ota birlan onangizga
Nur-u iymon tòlib turgan qalbingizga
Alloh uchun borim tóshab poyingizga
Sizni duo qilay keling,qadrdonim...

Bemor kunim holim so'rab, ótingansiz

Mening birla, azoblarim yutingansiz
Qiyomatlik og'a- inim tutingansiz
Sizni duo qilay keling, qadrdonim...

Bu dunyoni zahmatlarin birga tortib
Kelgan balo-qazolarin ortga ortib
Yaratgandan so'rab, qayta yana qaytib
Sizni duo qilay keling, qadrdonim...

Mirzo emas, oddiygina G'ulom bo'lib
Rahmat tilab, ko'zlarimga yoshlar tòlib
O'tib ketgan, marhumlariz shamin yoqib
Sizni duo qilay keling, qadrdonim...

Sevganda sevgimga arzimaganlar

Bugun poyimda kamtar-u xokisor
Farishta misoli ma'sum beg'ubor
Ne sinoat bo'ldi bu Parvardigor

9-Sevganda sevgimga arzimaganlar

Mehrimni bergandim mahrum etdilar
Xiyonat jariga tashlab ketdilar
Ólmasimdan avval kafan bichdilar
Sevganda sevgimga arzimaganlar

Yetganida titroq qòllarim oshga
Omadim qónib turganda bu boshga
Niqoblanib olishdi yuzlar boshqa
Sevganda sevgimga arzimaganlar

Bu dunyoni derlar qaytuvchi dunyo
Har kimni óz kuyin aytguvchi dunyo
Sevganni sevmagan yutguvchi dunyo
Sevganda sevgimga arzimaganlar

Nonin yeb nomim bulğaydi eh mudom

Yuragim yuragdan yig'laydi mudom
Ózingizni asrang ulardan Mirzom
Sevganda sevgimga arzimaganlar

10-Hayot ekanda...

Sadoqat topmadim sevganlarimdan
Oshiqlik ridosin yechaman endi!
Muhabbat topolmay sevganlarimdan
Yuragim, yuraksiz, netaman endi!

Yig'lasam ko'zda yosh bo'lsa, shashqator
Chorasiz qolganda xastayu abgor
Holimni so'ramas, òsha umidvor
Dardlarim ichimga yutaman endi!

Dunyoni so'ramam, yoki ehtirom
So'rmadim, ulardan qasos, intiqom
Izladim arzimas shirin bir kalom

Hayrlar, vidolar kutaman endi!

Bandamiz ba'zida bo'lamiz bemor
Tunlari azobda uyqusiz bedor
Ey Mirzo dilingda qolmasin g'ubor
Dardlarim daftarga bitaman endi!

11-Sen meni, mendek sevaolasanmi?

Seni sevsam, aytchi sevaolasanmi?
Hayotimda yolg'izim bòlolasanmi?
Mehr bòlib qalbimga tòlolasanmi?
Aytgil gulim rosting aytaolasanmi?

Muhabbat neligin, sen suygandan so'ra,
Yor hajrida olovdek kuygandan sóra.
Oshiqlik, shoh ridosin yechgandan so'ra,
Dunyoda sevgimdek qolaolasanmi?

Gohi g'amga botarman, gohida shodon
Tashvishlar qo'ymasa, hech holimga hamon
Yonimda sen bo'lsang, siylar bizni Rahmon
Yodimga ózligim solaolasanmi?

Raqiblarim ranjitsa, tuhmat tosh ila
Yaqinlarim yuz bursa, kòzda yosh ila
Sevib senla qursam, eng baxtli oila
Qiyomatda kafilim bòlolasanmi?

Bulutlarga tólsa gar, kòm ko'k osmonim
Kulba bo'lsa hamki gar, yotar makonim
Senga yetmay qolsa gar, cheksiz imkonim
Aytchi jonim, aytgil sevaolasanmi?

Muhabbat sehridan mast bo'lganimda
Dunyoning nazdida has bòlganimda
Bugunmi ertami rost òlganimda
Qabrim uzra tilovat qilolasanmi?

Shukurki hozircha bu yuragim urar
Qaddu kamoling, ojiz ko'zlarim kòrar
Men emas sendan hasta yuragim so'rar
Yuragim o'rnida uraolasanmi?

Ey Mirzo g'amni qo'ygil , ortingga tasha
Bu hayotdan zavqlanib, quvonib yasha
Muhabbat o'zgarmasdir, o'shadir òsha
Umringda kimnidir sevaolasanmi?!

Faqat rostin so'yla, iltimos
O'zi hech...
Umringda kimnidir sevaolasanmi?...

12-Rashkchi qizlarni sevmayman endi...

E bo'ldi bas, hech sevmayman endi,
Dil berib men hech, kuymayman endi.

Rashkning azobi pora qildi qalb
Rashkchi qizlarni sevmayman endi

Ne kerak asli, sevgi degani?
Hijronlar azobi, dard degani!
Ishonchsiz bo'lsa bu ishq degani
Qalbimdan ishqni yaxshi ketgani

Charchadim men to'g'risi baridan
Iltimos ket, yuragim qaridan.
Savollaring bemano berilgan
Ishonch qasrin yasadim sabrdan.

Jonga tegdi bari savollaring
O'rinsiz rashk-u, ul sitamlaring.
Naxotki, bu sevgimiz tush bo'lsa
Yolg'on bo'lsa, seni va'dalaring.

Suygandim sevgim faqat bir seni

Qizg'onish meni jonimdan to'ydirdi.
Oshiqman gar qalbingga ey sanam
Yuragim qon yig'ladi, jim ko'ndi.

Sevgimning qadrin sen, hech bilmading,
Nechun, oshig'ing buncha sinading.
Bo'ldi bas! Sitamlaring charchatdi,
Sen mening chin ishqimni bilmading.

Ishqingiz samimiy sizni derding,
Kulib turib bu jonimni yeding,
Mengachi ishqim bo'lib sen kelding,
Va yuragimni pichoqsiz tilding.

Jafolar jabridan sinmasin yurak,
Sevgilim qalbimga faqat sen kerak.
Ishongin sevgim chin va haqiqiy
Seni deb urmasa yurakmas yurak!

E bo'ldi bas, hech sevmayman endi,
Dil berib men hech, kuymayman endi.
Rashking azobi pora qildi qalb
Rashkchi qizlarni sevmayman endi

13-****

Qancha bo'lsin hijronning tuni,
Topgum nasib visoling nuri.
Sensiz, jonim topmas halovat,
Sen qalbimning farishta huri.

Òrtamizda masofa olis,
Taqdirimdan emas, bu nolish.
Ammo sensiz yashaganimga,
Hanuzgacha etarman honush.

Yuragim, yuragida vasling,
Kuylar doim, nigohim husning.

Seni men, gar bir kun ko'rmasam,
Ko'ngil qurg'ur topolmas taskin.

Mirzo, yurak berib kuygandi,
Ishon seni jondan sevgandi.
Bu dunyoga kelmasdan turib,
Seni shunday sevib bòlgandi.

14-****

Yetar bòldi, azoblar,
Qiynoqlaring yóqolsin.
Seni sevsam, sevmasang
Husning boshingda qolsin.

Yurak yutib tutsam gul,
Qòldan olmasang uni.
Unutaman ho'p butkul.
Mehr degan tuyg'uni.

Balki ilinjing beklar,
Orzusi osmon kòklar.
Etgin hadya-yu nisor,
Borligin hamda yòqlar.

Mirzo seni sevgandi,
Sira parvo qilmading.
Yòding bilan yashadi,
Hurmating sen bilmading.

15-ISHONGANIM

Vada bergan edi bunga oylar guvoh
Oqib o'tgan anhor yana soylar guvoh
Yolg'iz bo'lgan o'sha tuni joylar guvoh
Guvohlarim sira inkor etolmaydi.
Tashlab mani uzoqlarga ketolmaydi.

Qo'llaridan tutib asta ushlaganim
Nozikgina kòngilchasin hushlaganim
Bo'sa olib lablaridan tishlaganim
O'zi bilar birovlarga aytolmaydi
Mani tashlab olislarga ketolmaydi.

To tongacha bedor bo'lib yurganlarim
Soy bo'yida sarhushdayin turganlarim
Ko'ngil qo'yib,ozorida kuyganlarim
Ishonaman shul damlarni unutmaydi.
Tashlab mani o'zga yorla u ,ketmaydi

Turar edik bamdod yaqin azoniga
Uchramadik ,muhabbatning arzoniga
Tashlab ketmas ,hijronlarni qozoniga .
Mansiz biron kun hamki ótolmaydi
Ishonaman mansiz birkun yasholmaydi

Ishonganim yuzlarida nurlari bor

Qolib ketgan munchoq yana durlari bor
Kuni kelib dunyolari bo'lganida tor
Ko'nglim to'qdir mani tashlab ketolmaydi
Mensiz uzoqlarga yetaolmaydi

Sog'inganda suratiga termulaman
Hijronlardan sog'inar u ham bilaman
O'zligimni unutgandim shul kuniman
Nima bo'lsa hamki endi etolmaydi
Olislarga hech ham tashlab ketolmaydi.

Ko'rmasam kunda ming bor sog'inaman
Faqat uning yodi bilan ovunaman
Mirzo aytchi bu go'zalsiz na qilaman?
Jon bo'lmasa tanim orom ololmaydi.
Ishonaman mani tashlab ketolmaydi.

16-SOG'INAMAN

Dilim ozor chekganida hiyonatdan,
Tanim qahshab, qolganida jinoyatdan
Darig' tutsa, sevganlarim inoyatdan
Shirin ajib, tuyg'ularni sog'inaman

Yuragimdan ketkazolmay bitta dardni
Topolmasam, olam ichra do'st-u mardni
Takror, takror òqib yolg'iz "Shaytanat"ni
Sizlarga ho'p, muhabbatni sog'inaman

Dilim to'la, mehr birla muhabbatga
Ishqim sig'mas, bitay desam bitta baytga
Gohi qo'yib, sog'inchimni qiyomatga
Men sizlarga ezgulikni sog'inaman

Bo'lsa hamki ismim Mirzo, ishqda gado
Sevmoq uchun bo'lsa edi, jonim fido

Ki mahsharda oson etsa, qodir Hudo

Men sizlarga cheksiz savob sog'inaman.

17-*

Shoirga kerakmas, sharaf birla shon

Oliy mukofot-u,hech qanday unvon

Yetadi bersangiz ozgina imkon

Unga e'tibordir eng oliy unvon

Qarsaklar kerakmas,dab-daba bilan

E'tirof kerakmas, qah-qaha bilan

Baholar kerakmas, dag'-dag'a bilan.

Yetar e'tibor unga oliy unvon

Saroylar kerakmas ,xavotir olmang

Kulbasi bo'lsada ,òtadi kuni

Siz òylab nojo'ya xayolga bormang

Koshonasiz she'r bitib òtadi tuni.

Shoirga ortiqchasiz halal bermang
O'zin emas elni chorlar ziyoga
Bemani yoqmagan hech savol bermang
Ketib qolgan bo'lar boshqa dunyoga.

Shoirni bir tuni, ming azob gajir
Qo'lida kishandur ,oyoqda zanjir
Yaratgan beribdi qadaru taqdir
Shoirni tushinib bo'lmas baribir.

Puldan so'zlamang,adashib guldan
Mulozamat etmang g'iybatchi tildan
Gapiring mayliga ochiq kòngildan.
Shunda qaytar balki, òziga birdan

18-Juma bugun yur dostim.

Olib tanu-tahorat,
Topib azmu jasorat.

Gunohlarga kafforat,
Juma bugun yur dostim.

Tildan tashlab g'iybatni,
Olmoq istab rahmatni.
Xohlaysanmi jannatni,
Juma bugun yur dostim.

Savobni izlab chunon,
Keltir Tavhidu iymon.
Dunyodamiz mehmon,
Juma bugun yur dostim.

Haftada ulug' mehmon,
Siylayu rahm Rahmon.
Zanjirband nomi shayton,
Juma bugun yur dostim.

Xonaqohga marhabo,

Jamoatdan nur duo.
Qabul etguvchi Olloh,
Juma bugun yur dostim.

Hech bo'lmasa loaqal,
Oqi namoz bir mahal.
Imonga kelib sal pal,
Juma bugun yur dostim.

Qara qancha qabrlar,
Bunda sokin yoturlar.
Mahshar kunni kuturlar,
Juma bugun yur dostim.

Jumada yaraldi dunyo,
Bugun tugaydi gòyo.
Hayoting bo'lmay ròyo,
Juma bugun yur dostim.

Keltirdingmi shahodat,
Shunda maqbul ibodat.
Qara qanday jamoat,
Juma bugun yur dostim.

Balki o'tgandir otang,
Yoki yotgandur onang.
Keldi navbat bizga ham,
Juma bugun yur dostim.

Chiqgin ibodat makon,
Savoling bo'lar oson.
Eshitarsan nur Qur'on,
Juma bugun yur dostim.

Har turlik ming masala,
Eshitgin qunt hafsala.
Sajda, Subhan, Rabbial a'la,
Juma bugun yur dostim.

Bir soat vaqting ketar,

Shusiz ham soat oʻtar.

Boqiyda azob kutar,

Juma bugun yur dostim.

Topay desang halovat,

Amru ma'ruf rivoyat.

Taningga kuch himoyat,

Juma bugun yur dostim.

Kunlarning kunlik toji,

Shudur jannat me'roji.

Tòrt juma bitta hoji,

Ketdik juma yur dostim.

Unut shayton ablahni,

Yigʻla eslab doʻzaxni.

Mirzo òqir ,,QAHF"ni,

Juma bugun yur dostim.

19-Kumushim mening Kumushim

Qizlar ichra bir saylaganim
Yorim deya sen tanlaganim
Faqatgina bir sen o'ylaganim
Kumushim mening Kumushim

Qoshlar ham qayrilma qiyiq qosh
Sen deya to'kdim necha ko'z yosh
Chiroyingga aylandi bosh
Kumushim mening Kumushim

Suluvlar ichra tanho suluvsan
Ko'kdagi yorqin bir yulduzsan
Oshig'ing uchun sen orzusan
Kumushim mening Kumushim

Bas menga boshqa berma ozor
Yuragimni qildingku mozor
Kel endi menga bo'lgin yor
Kumushim mening Kumushim

Senla baxtli oila quraylik
Davru davronlar suraylik
Doim quvonib yuraylik
Kumushim mening Kumushim

20-**

Qani endi yonimda bo'lsang,
Qo'llaringdan tutib olardim.
Mayin kelgan sabo misoli,
Yuzlaringdan o'pib olardim.

Qani endi yonimda bo'lsang,
Dunyoda eng baxtli bo'lardim.

Jamolingni ko'rmoqlik uchun,
Soya kabi senla qolardim.

Nafas bo'lsam yutib yuborsang,
Nozik hissim turtib yuborsang.
Xayolingdan o'tayotganimda,
Ketma jonim deya yuborsang.

Qani endi yodingda bo'lsam,
Gohi quvonch shodlikka to'lsam.
Ming bor òlib ming bor tirilsam,
Mirzo bòlib shartingga kònsam.

21-**

Musaffo keng osmonga boqib,
Kòzlaringni ko'rgim keladi.

Telba toshqin ummonga boqib,
Xayollarda suzgim keladi.

Bitilmagan qancha nomalar,
Tug'ilmagan cheksiz g'oyalar.
Aytib senga she'r hikoyalar,
So'zlardan dur tizgim keladi.

Qaytar bòlsam shirin ótmishga,
Bandi bo'lib qolgayman hisga.
Bir so'z bilan aytganda qisqa,
Xayollaring buzgum keladi.

Ishqing birla òrtanib yonib,
Seni shunday sevib qizg'onib.
O'zim emas senga ishonib,
Suratingni chizgim keladi.

Xasta yurak etganda isyon,

Dilim zada qilganda tug'yon.

Chiqmasa gar, tanam uzra jon,

Jisming ichra suzgim keladi.

22-**

Oh shunchalar afsungarmisan,

Aytolmadim dildan so'zimni.

Aytgil tengsiz sehrgarmisan,

Ko'zlaringda ko'rdim o'zimni!

Anhorlardan sóradim seni,

Tashna bòlib bo'salaringdan.

Ne kuylarga solding meni sen?

Ko'zlaringda ko'rdim o'zimni!

Shamollardan so'radim behol,

Zulflaringni o'ynatganmi deb.

Qiynar jismim sinoat savol,

Ko'zlaringda ko'rdim o'zimni!

Dudog'ingni bolidan zarra bo'lsa berib ket,
Sensiz jonim betobman bir yo'qlagin ko'rib ket.
Men yig'layin bezabon, jilmayib sen kulib ket,
Ko'zlaringda ko'rganim ishonmasang ko'rib ket.

Yuzlaringga boqib olisdan,
Sevganligim olib bo'ldim tan.
Kòksing erur Mirzoga maskan,
Ko'zlaringda ko'rdim o'zimni!

23-Ortimdan ovora bo'lmang, odamlar!

Och qolsam yo yupin cho'lu-sahroda,
Yashasam dòzaxmi, arshu-a'loda.
Qolganda so'zlarim qo'shiq navoda,
Ortimdan ovora bòlmang, odamlar!.

Hayotim past- baland dovoni bisyor,
To'yib mast bo'lmadim mehrga bir bor.
Huzuriga chorlasa haq Parvardigor,
Ortimdan ovora bo'lmang, odamlar!.

Yo'qotdim nelarni ,topganim armon,
Topshirdim òrniga nafsimni vijdon.
Qo'yinglar òzgina keltiray imon,
Ortimdan ovora bo'lmang, odamlar.!.

Jumlalar tuzaman sòzdan turfa xil,
Yurakka sig'maydi hatto kichik qil.
Yozganim kelmasa sizlarga ma'qul,
Ortimdan ovora bo'lmang odamlar.

Xastalar yotishar boring ko'rgani,
Mazlumlar ijobat duo qilgani.
Mayli ko'tarmang tobutim mani,
Ortimdan ovora bòlmang odamlar!

Óqimang ta'ziya ,oqimang Qur'on,

Robbim ozi etsin,siylayu Rahmon.

Boʻlsam ham uyimda kunlik mehmon,

Ortimdan ovora bolmang, odamlar.!

She'rlarim yod olsa,kòhna Turkiston,

Adashmay turibman manzilga ishon.

Ketarman,ko'ringlar oxirgi makon,

Ortimdan ovora bolmang, odamlar!.

Yo'qlasangiz she'rimda nido boʻlarman,

Mohiyatin anglang fido boʻlarman.

Balki jannatda ham Mirzo boʻlarman,

Ortimdan ovora bolmang, odamlar!.

24-..Qiyomatga qo'ymagil qarzing...

Banda emas, Allohga arzing,

Tilab bajar vojibu farzing.
Yo'qsa bo'lar bedavo darding,
Qiyomatga qo'ymagil qarzing.

Hojimisan yoki bir imom,
Valiymisan avliyo tamom.
Hisob kunda ahvoling yomon,
Qiyomatga qo'ymagil qarzing.

Ilm o'rgan zotan oz ozdan,
Kulba qurma uy deb qog'ozdan.
Vaqti kelsa peshvo ustozdan,
Qiyomatga qo'ymagil qarzing.

Ustami u bo'lsaki tabib,
Giy'bat bo'lma turli shov shuvdan.
Hatto qabr qazgan gòrkovdan,
Qiyomatga qo'ymagil qarzing.

Senda bo'lsa gar kibru havo,
Manmanlikka bo'lsang mubtalo.
Oxiratda ahvoling rasvo,
Qiyomatga qo'ymagil qarzing.

Namoz, zakot ,mayliga ro'za,
Yo bandadan qarz puling bo'lsa.
Ishon hatto bir ignang qolsa,
Qiyomatga qo'ymagil qarzing.

Qiyomat kun to'laysan tayin,
Bilgin bo'lar bu farzi ayn.
Umring ketar kunlaring sayin,
Qiyomatga qo'ymagil qarzing.

Mirzo bo'lsa gar sening qarzing,
To'lab qo'ygin halol bir lavzing.
Yumilmasdan ochiqdir ko'zing,
Qiyomatga qo'ymagil qarzing.

25-......ILTIJO......

Sarson bòldi orzular,
Endi paymol tuyg'ular.
Ag'yor holimga kular,
Quvvat ayla, Allohim,
O'zing yolg'iz panohim!

Tunu kunim sargardon,
Ibodatga yoq imkon.
Topmam osuda makon,
Muruvvat et, Allohim
Sendur hoqon panohim.

Bomdod vaqtimi xufton,
Yod etmas noming zabon.
O'zing Holiq, man nodon,
Hidoyat qil, Allohim,

Kechir osiy gunohim.!

Berib lavzu ham va'da,

Qilmay namozim kanda.

Etay bosh egib sajda,

Nazorat qil, Allohim,

Tan olay sajdagohim.

Mirzoga bergin tavfiq,

Bo'lsin o'zingga oshiq.

Islomga etgin muvofiq,

So'rayman sendan Alloh,

To qiyomat Maa Shaa Alloh.!!

26-***

Shundayin sen parivash,

Husningdan oylar talash.

Visolingga bo'lib mas,

Menga o'zga kerakmas.

Yuzingdan bir òpolmay,
Qóllaringdan tutolmay.
She'rimni ham bitolmay,
Qalam qo'lga ushlolmay.

Bazòr chidab turibman,
Ózimsizman yuribman.
Seni yaxshi kòribman,
Yagonam deb suyibman.

Nima deysan ayt gulim?
Faqat sendadur ko'nglim.
Aytchi ko'ngling turma, jim!
Yoki bormi biron kim?

Bilmam zamon zaylimi?
Sevgim ishq tufaylimi?

Sevib qolsam maylimi?

Sevgi humor saylimi?

Orzu bo'lmasin armon,

Holimni etma yomon.

Mirzo sevar begumon!

Rostdir so'zim sen ishon!

27-Seni sevib qoldimmi deyman?!

Yuragimda hislar chunonam,

Sog'inib ko'p seni yomonam.

Bunga guvoh endi zamonam,

Seni sevib qoldimmi deyman?!

Nozikgina barmoqlaringni,

Bergan shirin qiynoqlaringni.

Jondan ótgan firoqlaringni,

Seni sevib qoldimmi deyman?!

Tushlarimda bellaring quchib,
Hayolimda osmonga uchib.
Uyg'onibman yerlarga tushib,
Seni sevib qoldimmi deyman?!

Mirzo seni sevib toabad,
Quchib jisming etadi rag'bat.
Sevgi erur ilohiy hikmat,
Seni sevib qoldimmi deyman?!

28-***

Tel qilingda telimga,
Tushinmaysiz fe'limga.
Garchi sizni yeb qo'ygum,
Tushsangiz gar qo'limga.

Sizni mahkam quchoqlab,
Mehrizdan yurak ohlab.

Ishoning siz bir kuni,
Qo'yarsiz sochga bog'lab.

Labizdagi bol totli,
Siz juda marhamatli.
Jonim buncha noz etmang,
G'aribmiz ishq tufayli.

Avf eting, hazil yòying,
Sevgimdan masrur tuying.
Qolgan barcha mehringiz,
Mirzoga atab qo'ying.

29-*Yig'lama yuragim, yig'lama aslo!!!*

Yig'lama yuragim, bu qaytar dunyo,
Har kimki ôz ishin topadi go'yo.
Ishonching bo'lmasa, hayoting ro'yo,
Yig'lama yuragim, yig'lama aslo!!!

Sevgidan, ta'magir pul undirsa ham,
Qalbingni nimtalab, ko'p sindirsa ham.
Mehrdan, minnatli gul undirsa ham,
Yig'lama yuragim, yig'lama aslo!!!

Jabrlar tortding-a? nafsim tufayli,
Chidagin biroz sen, chidagin mayli.
Kelib qolar balki, qiyomat sayli,
Yig'lama yuragim, yig'lama aslo!!!

Ko'zlarim basirdir, aslo ochilmas,
Qalbimdan, mehrli ifor sochilmas.
Na qilay? yuragim o'zim uchunmas,
Yig'lama yuragim, yig'lama aslo!!!

Gadoylar, eshigim tinmay qoqmoqda,
Yolg'onlar, ichimda toshqin oqmoqda.
Termulib, ko'zimga jonim yoqmoqda,

Yig'lama yuragim, yig'lama aslo!!!

Dardimni aytsam hatto do'stim kular,
Ey yoronlar! Do'stmi? Aytingchi shular.
Tarixda qolibdimi? ÓTGAN KUNLAR!
Yig'lama yuragim, yig'lama aslo!!!

Hali kunlar kelar, biz ham kulamiz,
Kimlar-u, dushmandir, kim do'st bilamiz.
Allohim guvohdir, mahshar kutamiz!
Yig'lama yuragim, yig'lama aslo!!!

Maylida kel yurak, birga yig'laymiz,
Dunyoning armon-u, tashvishlaridan
Ko'ngilni endi biz toshga bog'laymiz,
Qôl siltab insonning, bad ishlaridan...

O'kinib tingladim dil nidosini,
Hali hanuz izlarman, ishq davosini!!!

30-***

Nega dunyo beshavqat?
Nega dunyo soxtadir?
Men qanday qilay toqat?
Qalbim qaro taxtadir

Bu dunyoning g'amidan
Charchadim barchasidan
Qiyo boqqim ham kelmas
Ehhh qalbim darchasidan

Qayga boqsam soxtalar
Bir birlarin maqtashib
Qo'yganlari paxtalar
Yolg'onlari qalashib

Eh afsus uvol zabon
G'iybatdan hech qolmaydi
Shaytonsifatlar hamon

Gunoh qilib tolmaydi

(Ikki o't orasida.
Qoldim nima bo'lyabdi.
Do'stlarimni it desam.
Itlar xafa bo'lyabdi.

Qachon ko'rgansan itlar.
G'iybat qilganin dedi.
O'zim uyalib qoldim .
It ning gapi rost edi.)

31-Sevmoqlikni o'rgatib qo'ygil...

Seni sevmoq saodatligim,
Sevilmoqni o'rgatib qo'ygil.
Erkalinib kòksingda boshim,
Uhlab qolsam uyg'otib qo'ygil.

Makkor dunyo azoblaridan,
Tinmay cheksam ozor-u sitam.
Bellaringdan ushlasam mahkam,
Tutganimda to'xtatib qo'ygil.

Tentak qòlim tortsa sen tomon,
Hislarimga berilsam tamom.
Bo'lib qolsa avzoyim yomon,
Isyon etsa uxlatib qo'ygil.

Guldan nozik farishta misol,
Osiydurman senla ehtimol.
Bòsalarim kelsa gar malol,
Lablarimni muzlatib qo'ygil.

Taning yonsa kuydirib qalbim,
Sukut olsak sukunatdan jim.
Senga bo'lsa oshkora ishqim,
Ko'nglim biroz hushlatib qo'ygil.

Telba Mirzo aqling kirmadi,

Aytchi nedan baxting kulmadi.

Sevgan yoring seni sevmadi,

Aqlingni sen ishlatib qo'ygil.

32-SOG'INDIM...

Yóllaringda nigoron kòzim,

Yolg'oni yo'q, bexazl sózim.

Dunyodagi hammadan o'zim,

Ishon! Seni cheksiz sog'indim!

Sog'inaman,ko'rolmasman lek,

Hijron ğajir, quturgan itdek.

Mushtoq bo'ldim, senga bir quldek,

Mirzo bo'lib! ming bor sog'indim!

Qilgin rahm, etmagin jabr,

Tugab bitdi, asab-u sabr.
Man ham odam, inson axir,
Tushin! Seni yomon sog'indim!

Na qong'iroq qilasan o'zing,
Sevishingni aytolmas so'zing.
Ayt! meni qanday qiyar ko'zing,
Seni juda, juda sog'indim!!!

SOG'INDIM, JUDA HAM SOG'INDIM...

ISHONAMAN! SEN HAM SOG'INGANSAN

33-To'yimning ilk kechasi...
Nasib in Sha Alloh

Orzularim armonmi?
Orzu qilgan yomonmi?

Jonim qiynab,azobda
Sevganing yo gumonmi?

Seni sevdim erkalab,
Jonim joningga bog'lab.
Kelgin endi sog'indim,
Olay mahkam quchog'lab.

Qiynab, rosa hijronda,
Tun kechalar azobda.
Chiqay endi humordan,
Hozirgina shu onda.

Bugun visol oqshomi,
Sipqoray ishqning jomi.
Lablaringdan bol olib,
Topdim asalning koni.

Labing asalmi,jisming?

Aqlim olguvchi husning.
Bilmam, tortadur nega?
Sehrli ohu ko'zing.

Ko'z uzolmay hayrona,
Bo'ldim behush devona.
Asta belingdan tutsam,
Qochma jonim birbora.

Sen qalbimga malika,
Olamim ichra erka.
Bir umr bo'l yonimda,
Qalbimga tanho beka.

Qildi g'anim ig'volar,
Yomon otlig' rasvolar.
To'yimizga fatvolar,
Berur shayhul-mirzolar.

Mana muhr nikohga,

Qodir Alloh rizosi.

Hojat yo hech guvohga,

Man MIRZOLAR MIRZOSI!

Oxir erishdim senga

34-O'zingga yetmaydi, o'zgachasanda...

Sochlaring oynaga termulib tarab

Nigohing qoʻyasan yurakka tirab

Sinovlar boʻldimi boshimga,yo rab,

Oʻzingga yetmaydi,

ózgachasanda.

Yodingdami jonim uchrashganimiz,

Hayajon olgandi qamrab tanimiz,

Sogʻinchdan òrtanib horgʻin yurganimiz,

Òzingga yetmaydi, oʻzgachasanda.

Astagina tutsam nozik qo'llaring,
Aylanmay qolardi sòzga tillaring,
Eslaysanmi endi baxtli kunlaring ,
O'zingga yetmaydi, ózgatsasanda.

Baxtimdan mast bolib bo'sa olganim,
Yuragimdan yurakka rishta solganim,
Araz etib, arazlab ketib qolganing,
O'zingga yetmaydi, òzgachasanda.

Uchrashsak hayodan iymanib asta,
Ròmol ila yopib yuzing bir pastda,
Qizg'onma jamoling bunaqamasda,
O'zinga yetmaydi,o'zgachasanda

Yuborsam sovchilar koshonang tomon,
Bermagin baholar xulqimga yomon,
Tutolmay qoldimda ózimni ishon,
Òzingga yetmaydi,ózgachasanda .

Baribir bilaman kòngling mandadur,

Sevgimiz isboti ótgan kundadur,

Alishsang Mirzoni bilmam kimgadur,

Ôzingga yetmaydi,òzgachasanda

35-ILTIMOS BEZOVTA QILMANG!!!

Charchadim ig'vo-yu, tuhmatlardan,

Ojiz deb bilib, ustimdan kulmang.

Bas yetar, to'ydim siz nodonlardan,

Iltimos, meni bezovta qilmang!

Rosti charchadim men hammangizdan,

Bas! sevdim deya yolg'on so'ylamang.

To'yib ketdim, sizning nag'mangizdan,

Iltimos, meni bezovta qilmang!

Kerak emas, aslo yordamingiz,

Meni g'arib, o'zni sulton bilmang.
Bir ish qiling, tegar shu foydangiz,
Iltimos, meni bezovta qilmang!

Dunyoning yuki bukib qo'yganday,
Qaddimni men rostlay, menga tegmang.
Jonim ham bu dunyodan to'yganday,
Iltimos, meni bezovta qilmang!

36-Alloh sevsin, bandasi emas!

Sevganlarim sevgini demas,
Ishqida hor bo'lganim bilmas.
Qancha sevsam, sevay o'zingni,
Alloh sevsin, bandasi emas!

Qo'l-u oyoq yetti mucham but,
Kunim ham o'tar shod-u xushnud.
Majruhmasman, shukur yoxud,

Alloh sevsin, bandasi emas!

Mayli ochman yokida yupanch,
Dilim to'la alamdan o'kinch.
Ammo uyqum osuda ham tinch
Alloh sevsin, bandasi emas!

Pulim yo'qdir yoki xazinam,
Ro'zg'orimda uchrasa ham kam.
Siylamasa bo'ldi jahannam...
Alloh sevsin, bandasi emas!

Shukur nonim yarimta yetar!
Ko'pi bo'lsa ko'rinmay ketar.
Oxiratda farishtam kutar,
Alloh sevsin, bandasi emas!

Qulingdirman ojiz bir banda,
Egnim yamoq ustimda janda.
Qiyomatda qilmas sharmanda,
Alloh sevsin, bandasi emas!

Bandasiga kerak pul, chiroy,
Xohishi yana osmondagi oy.
Shaytonlardek juda erkatoy,
Alloh sevsin, bandasi emas!

Foyda uchun sevadi ko'plar,
Yoki hurmat ochkolar to'plar.
Muhabbatdan xabari yo'qlar,
Alloh sevsin, bandasi emas!

Bugun bo'lsa qiyomat qoyim,
Balkim bo'lar jannatdan joyim.
Sevdim seni yolg'iz Xudoyim,
Alloh sevsin, bandasi emas!

Mirzo bo'lsam, Alloh ishqida,

Yuzin ko'rsam, mahshar kunida.

Umrim ótib ketmay behuda,

Alloh sevsin, bandasi emas!!!

37-****

Kel hotirjam dunyolarida,

Quvonch yana baxtga to'laylik.

Parvo qilma g'animga aslo,

Baxt qasrini birga quraylik.

Yig'lamagil yurgin baxtiyor,

Yuraglarda birga uraylik.

Ranjitsa ham vafosiz dildor,

Hayot gashtin masrur suraylik.

Gulim kelgin boshimda tutay,

Baxtni birga baham kòraylik.

Yetganda ham yuz yoshga bizlar,

Shodon masrur kulib turaylik.

Mayli desin ko'rishgan yoshlar,

Quyilmagan telba oshiqlar.

Ortimizdan otsa ham toshlar,

Baxt qasrida birga yashaylik.

38-Yaxshilar poyiga poyandoz bo'lay!

Bering qancha g'amingiz barin olay,

Qalbingizga shodlik quvonchlar solay.

Yodingizda bir umr yaxshi bo'p qolay,

Yaxshilar poyiga poyandoz bo'lay!

Ko'zlarim yoshiga cho'milsam tongda,

Raqiblarim kutsa kunda har yonda.

Sarhadsiz savoblar qolmas zamonda,

Yaxshilar poyiga poyandoz bo'lay!

Ayolmi yo erkak katta-yu, kichik,
Yo'qolgan qalbida iymoni kemtik.
Bandamiz bizlar, gunohlar ayt nechuk,
Yaxshilar poyiga poyandoz bo'lay!

Tun-u kun ibodat, ilm xoqoni,
Asraydi bizlarni inson vijdoni.
Mirzo emas, bo'lay faqir sarboni,
Yaxshilar poyiga poyandoz bo'lay!

39-O'tgan kunlarni sog'indim...

Berolmas dosh, tugadi sabrim,
Endi chidab turolmayman jim.
Yoqmas sizga bilmadim balkim,
Oxunjonning ovozin sog'indim.

Kuylaridan kòngil erkalar,
Horgʻin taning oromga solar.
Yuragingdan dardingni olar,
Muhriddinning mehrin sog'indim.

Sózdan haykal tuzgan fidoiy,
Qòshiq bo'lgan yozsa ruboiy.
Ustoz bòlgan kichik, Navoiy,
Shoir Yusuf she'rin sog'indim.

Xonishlari bo'lgan betakror,
Topilmasdi óxshashi biror.
Hanuz hamon etadi xumor,
Setoraning o'zin sog'indim.

Qòshiqlari mashhur afsona,
Tinglar edi hamma hayrona.
Sig'dirmadi afsus zamona,
Nuriddinni cheksiz sog'indim.

Hofiz hamda sirli suxandon,
San'at bo'lgan vujudida jon.
Faxri bo'lgan shu Ózbekiston,
Shuhrat Qayumni men sog'indim.

Qani milliy asl musiqalar?
Tanovarni kim ham zo'r chalar?
Ushshoqlariga dillar órtanar,
Ma'murjonni juda sog'indim.

Rayhonlarni zo'r qòshiq qilgan,
Millionlarni oshiq qilgan.
Hozirda ham hayot bo'lgan,
Jòraxonlarni men sog'indim.

Ayol boshi birlan tor ko'targan,
Rahmat, olqish yana or ko'targan.
San'at ila cheksiz shon ko'targan,

Xorazmlik Olmaxonni sog'indim.

O'tgan kunlarni men sog'indim...

Asl O'zbeklikni sog'indim...

40-Orzularim armon bo'lmasin

Jonim quchib seni erkalay
Mayin sochlaring kel bir silay
Bo'ylaringdan o'zim órgilay
Orzularim armon bo'lmasin
Faqat sendan o'zga bilmasin

Tunda kelgin asta yonimga
Bilgan òsha sen makonimga
Tashna etma bejon holimga
Orzularim armon bo'lmasin
Buni sendan o'zga bilmasin

Tunda oylik osmon ostida
Birdan bebosh hayol qochdida
Òpgim keldi gapni rostida
Orzularim armon bo'lmasin
Faqat sendan o'zga bilmasin

Taqib olgan munchoqlaringdan
Ko'z olguvchi baldoqlaringdan
Bol olsaydim dudoqlaringdan
Orzularim armon bo'lmasin
Buni sendan o'zga bilmasin

Ishon seni aldamoq gunoh
Ilojsizman bosadi titroq
Jonga tegdi jafoyu firoq
Orzularim armon bo'lmasin
Faqat sendan o'zga bilmasin

Mayli borar elchi ertaga

Etmagin noz atay jòrtaga
Tushishmasin opang o'rtaga
Orzularim armon bo'lmasin
Mirzoligim hech kim bilmasin

41-Ishqingni bildimu, isming bilmadim!

Oymisan, gulmisan
yoki begoyim,
Xushsurat etibdi seni Xudoyim.
Husningga tegmasin, kòzlar iloyim,
Ishqingni bildimu, isming bilmadim.

Charaqlab chiqqanday kabi go'yo kun,
Bir boqib aylading òzingga maftun.
Mehrning qasriga qo'yib bir ustun,
Ishqingni bildimu, isming bilmadim.

Jilmayib òtarsan, goho shodona,

Beparvo ketarsan etib devona.
Ko'zlaring sevgidan berur nishona,
Ishqingni bildimu, isming bilmadim.

Oymisan, gulmisan yoki go'zalxon,
Zor etma bunchalar xurshidi tobon.
Ismingni bilishni istar Mirzojon,
Ishqingni bildimu, isming bilmadim.

42-Ko'zda yoshim qalqib turibdi

Goho zarda ba'zida araz,
Fe'lim og'ir bilaman biroz.
Telbaligim o'zimgadir xos,
Ko'zda yoshim qalqib turibdi.

Yig'lay desam yoshim qolmadi,
Omad sira qòlim olmadi.
Aytishga ham tilim bormadi,

Ko'zda yoshim qalqib turibdi.

Charx aylanib o'zgargim keldi,
Oxiratim bezagim keldi.
O'zligimga keragim keldi,
Ko'zda yoshim qalqib turibdi.

Mirzo òzi andak telbaroq,
Sarxush bo'lsa gar xushyor biroq.
Kulishimdan yig'i ertaroq,
Ko'zda yoshim qalqib turibdi.

Dòstginamdan topganim tuhmat,
Ayturman jim betinim rahmat.
Kulib turib yig'lamoq qismat,
Ko'zimda yosh qalqib turibdi.

43-Seni sogʻindim gulim!

Sevgim etsada xumor,
Aylansa boshim takror.
Ishonsang men beġubor,
Bolalikni soġindim!

Anhor bòyi kunduzi,
Sabolar òpgan izi.
Sen oʻsha boyning qizi,
Soy boʻylarin sogʻindim!

Bósa oldim ilk sendan,
Asta yuzing yashirding.
Mast boʻlgandim men chindan,
Bósalarni sogʻindim!

Labingga tegsa labim,
Iymanarding asta jim.

Halal bermasdi hech kim,
Shu kunlarni sog'indim!

Tushirmas noming tilim,
Yurakka yaqin gulim.
Yolg'onimsan sen chinim,
Beboshligim sog'indim!

Va'da berding tegmading,
Bilmam aybim sevmading.
Shuncha kutdim kelmading,
Hijronlaring sog'indim!

Mirzo sig̣mas dunyoga,
Dardin aytib daryoga.
Bor tavakkal Allohga
Visolingni sog'indim!!!

44-Qiyomat kun Allohimga ne deyman?!

Yaxshilar yaxshilik unutgan kunda,
Vafoni, xiyonat sotgan tunida.
Bilmam,umrimni uzoq yaqinida,
Qiyomat kun Allohimga ne deyman?!

Yòllarim to'la jaholat botqog'i,
Fahshdan qonmaydi sira hech chanqog'i.
Gunohimning cheki yo'qdir adog'i,
Qiyomat kun Allohimga ne deyman?!

Nomiga ibodat, tavba tazarru,
Nomozda sajda-yu, soxtadir ru'ku.
Jahannamda yondirmasin mangu,
Qiyomat kun Allohimga ne deyman?!

Qaradim gunohlar qalab qo'yibman,
Haromdan yarashmas qorin qo'yibman.

Dunyo zahmatidan chunon tòyibman,
Qiyomat kun Allohimga ne deyman?!

Boshimga qoʻnganda omad-u iqbol,
Tanamni tark ayladi jonim behol.
So'ramang siz ko'nglimni tangdir ahvol,
Qiyomat kun Allohimga ne deyman?!

Muftiysi,mullosi dunyo ilinji,
Uyqusiz tunda ham orom yoq tinchi.
Xudo deb emas osilgandir lunji,
Qiyomat kun Allohimga ne deyman?!

Tilayman o'zimga insofi toʻzim,
Muxtasar aylayin yoqimsiz sòzim.
Ko'ring siz bir, yumay ochgancha kòzim,
Qiyomat kun Allohimga ne deyman?!

Shoyadki jonimni Jumada olsa,

Yaratgan kònglimga hidoyat solsa.

Telba Mirzo qani edi uyg'onsa,

Qiyomat kun Allohim rahm qilsa!!!

45-Etiroz...

Ko'nglimni ògritding xafaman sendan,

Bilmam aybim nedur, ne o'tdi mendan.

Shunchalar bu nozik bag'ring toshmidi?

Va'dalaring tòydirdi meni rostdan.

Kimlargadir meni tenglashtiribsan,

G'ururim osmondir engashtiribsan.

Nima qilay aytgin neni istaysan,

Oromimni buzib shodon yuribsan.

Sen uchun nimalar qilardim afsus,

Atoqlab odatda she'r yozib maxsus.

Mayliga unutsang roziman albat,

Ko'nglingni etolmagan bo'lsam xushnud.

Manmanlik bilsang xosdir bir shaytonga,
Bandasi ustunday bòlmas dunyoga.
Bilmam begonasan Komron Mirzoga,
Berilib ketgansan kibru havoga.

Orzusi unmagan suvdek zilolman,
Hunarsiz qolgan bir sodda kulolman.
Ranjigan dunyodan zarra kamolman,
Qaddu qomat bukilgan alif dolman.

46-O'lmay turib do'stim, o'lishni o'rgan

Uyni buzmay avval qurishni o'rgan,
Gapdan avval sukut turishni o'rgan.
Kimlar kelib, kimlar ketmadi axir,
O'lmay turib do'stim,o'lishni o'rgan.

Zulmatda ziyo yoq shu'la timsoli,
Quyoshda soya yoq dòzax misoli.
Oqni sen ajratgin qaroliklardan,
Haq ko'zida bilib ko'rishni o'rgan .

Yoshing ketar qadari intihosiga,
Boqiy hayot sarhad ibtidosiga.
Kuyinma bu dunyo xil jafosiga,
Ketarga oq libos kiyishni o'rgan.

Dunyo deb atalgan ko'hna makkora,
Bandasin etadi kuyida ovvora.
Yaqinlashib kelar mahshar tobora,
Qiyomat kunida turishni o'rgan.

Do'stima ,do'stima ahvolim abgor,
Tashvish-u azobdan sochim bo'ldi qor.
Gunohim kechirgin, ey,parvardigor,
Shaytoniy holimga kulishni o'rgan.

Baribir borajak qabr joyimiz,

Titratsa ham qoyani xoku poyimiz.

Kelmasidan turib qazo oyimiz,

Mirzo sen o'lmasdan o'lishni o'rgan!

47-Izlama!!!

Ey, banda-yi sen ġofil,

Diyonatdan sòzlama.

Dil boshqa-yu til boshqa,

Muhabbatni kòzlama!

Tunda ham fisqi fujur,

Tongda ham fasod qusur.

Qilmaysan aslo shukur,

Sensan ikkiyuzlama!

Qalbda Allohni nomi,

Habaring yoqdir shomi.
Bor mazlum intiqomi,
Endi shafqat kòzlama!

Yòldan urasan jinni,
Ajratolmas lof- chinni.
Bulg'ab pokiza dinni,
Haqdan panoh izlama!

Dòst tutganing nobakor,
Sevganlaring jafokor.
Jonon topolmay biror,
Qo'ygil hamroh izlama!

Yòr topgin sen vafoli,
Hayo, sharm, iboli.
Toley kulgan, iqboli,
Yotdan qònoq izlama!

Bilmam, Mirzo asli kim?
Shoir, telba yo hechkim.
Parishonhotir balkim,
Qòygil meni izlama!!!

48-Manziling aniqdir, borishing tayin!

Dard ila bezalgan hamxonasida,
Yashaging kelmas bu zamonasida.
Bilmaysan ne kutar u dunyosida,
Manziling aniqdir, borishing tayin!

Ko'zlar ochilmoq chun yorilsinmi bosh?
Nahot yo'qdir bir aziz yaqin sirdosh?
Yo Qodir Alloh qancha qilayin bardosh?
Manziling aniqdir, borishing tayin!

Kun kelib, ketarmiz hammamiz mehmon,

Oxirat unutdir, unutdir ehson.

Tavba qil, sen ey g'ofil, ojiz inson,

Manziling aniqdir, borishing tayin!

Bas, yetar endi uyg'on sen g'aflatdan,

Joy olmasingdan o'tli Jahannamdan.

Ko'zni och, farqing qolmabdi shaytondan

Manziling aniqdir, borishing tayin!

49-Jaholat qariga botib ketyabmiz!

Samoviy, oraziy, turfa ko'rgilik

Kasbimiz osiylik, zino, o'g'rilik

Shaytoniy hislarga ishonib,ko'ndik

Jaholat qariga botib ketyabmiz.

Boshimizga yog'ilsa turfa balo,

Topilmasa nahotki malham davo,

Qachon ayladik bu dardga mubtalo,

Jaholat qariga botib ketyabmiz.

Vo ajab! Shaytonning malayi bo'lib,
Odamlar ketibdi kibrga to'lib,
Qalbimizda iymon gullari so'lib,
Jaholat qariga botib ketyabmiz.

Hattoki larzaga soldik arshni ham
Tavbalar etaylik, uzing qarzni ham
Savob-la bezaylik ohiratni ham
Jaholat qariga botib ketyabmiz.

Axtarma aybni sen o'zgadan Mirzo,
Xat bitib ostiga qo'yib-la imzo
Tirnasa qalbingni azobli nido
Jaholat qariga botib ketyabsan!!!

50-Bunaqasi bo'lmagan!

Suluv ko'rdim bir kuni,
Hali ko'zim ko'rmagan.
Afsonaviy, sodda dil,
Bunaqasi bo'lmagan!

Juda go'zaldir dilxush,
Vujuding aylar behush.
Aqlingdan qilar sarxush,
Bunaqasi bo'lmagan!

O'zi nozik, ta'bi dur,
Yuzlaridan porlar nur.
Yaratganga ming shukur,
Bunaqasi bo'lmagan!

Bog'lab olar, shirinso'z,
Ohu kabi qaro ko'z.

Chehrasi misli oyyuz,
Bunaqasi bo'lmagan!

Samimiylik yaxshida,
Sizlarga ushbu kunda.
Etdim she'rim baxshida,
Bunaqasi bo'lmagan!

She'rim sizga yoqmasa,
Aqliz, mag'zin chaqmasa.
Etmang ta'na, dahmaza,
Bunaqasi bo'lmagan!

Man Mirzolar Mirzosi,
She'riyatning gadosi.
Keching qilgan xatosi,
Bunaqasi bo'lmagan!

51-Qayga borayotirmiz?!

Qarang do'stlar vo ajab,
Qayga ketayotirmiz?
Qilib turlik rasvolik,
Qulab borayotirmiz!

Yigitlardan qochib or,
Nahot lafzga bo'lsak zor?
Zamonami yo aybdor?
Nurab borayotirmiz!

Yigit, yigitni sevsa,
Ayol libosin kiysa.
Ko'pdir shunday xunasa,
So'nib borayotirmiz!

Ota, qiz-la ishratda,
Ona-bola xilvatda.

Nimader qiyomatda?
Yonib borayotirmiz!
Qizin sotib otalar,
Etar kayf-u, safolar.
Tortmagaymu jafolar?
Ko'nib borayotirmiz!

Yoshi, katta yo kichik,
Nafsga botgandek kuchuk.
O'zbekmiz biz har nechuk,
O'lib borayotirmiz!

Garchi kelsa nafrating,
Qilsam seni g'iybating.
She'r-la ochib sirlaring,
To'lib borayotirmiz!

Nafs yengilar vaqt yetdi,

Kelmasdan xalq nafrati.
O'zingni yig' la'nati,
Kul bo'p borayotirmiz!

Hayot berahm asli,
Doim g'urbatning fasli.
Bizlar shahvat tufayli,
Kuyib borayotirmiz!

Man Mirzolar Mirzosi,
Jami g'amlar podshosi.
Eshitib xalq nidosi,
Yutib borayotirmiz!

52-Bilingki, bu dunyo sinov dunyodur!

O'kinmang! Tuxmat toshlari otilsa,
Siqilmang! Yaqinlar xiyonat qilsa.
Kuyunmang! Do'stingiz agar yov bo'lsa,

Bilingki, bu dunyo sinov dunyodur!

Shirin orzular ham bo'lganda poymol,
Tanangizni tark etsa ruh bemajol.
Qaddingiz bo'lganda misli qiylu qol,
Bilingki, bu dunyo sinov dunyodur!

Ayrilsang, otadan yohud onadan,
Bemahal ajralib, masrur boladan.
Charcharsan hatto ko'zdagi joladan,
Bilingki, bu dunyo sinov dunyodur!

Akalar ukasin aylasalar yod,
Singillar opadan etsalar faryod.
Yolg'onchi dunyoning yolg'oni bot-bot,
Bilingki, bu dunyo sinov dunyodur!

Qo'llarim qaltirar qalam tutgani,
So'zlarim ojizdir buni bitgani.

Mirzo ham majburdir alam yutgani,
Bilingki, bu dunyo sinov dunyodur!

53-****

Yuragimni olib sahroga bordim,
Nega keldik?-Deya, savol berdi u.
Sevgimni undan yulib uloqtirdim,
Yig'lab, xasta yurak asta terdi u.

Yo'q, yo'q dedim aslo sevgi kerakmas,
Endi biz sevamiz soxtalik bilan.
Yurak der, xo'rsinib hiyla kerakmas,
Mayli sev iymon-u, soddalik bilan.

Oh! Nega? Men emas, sen hojadursan?
Meni hasratga oshno qilodursan!
Aytchi yurak! Na qilsam ko'nadursan?
Sevgim otsam sahroga yonadursan!

Tashlab ketar bevafo yor bildirmay,
Telba yurak sevar o'ylab o'tirmay.
Meni ham qiynama o'zing tindirmay,
Kelaqol yuragim kelgin o'kinmay.

Bu dunyo to'ladur vafosiz ishqga,
Chin oshiq ko'rmadim shu kunga kelib.
Chin sodiq sevgisi hayoti qisqa,
Ki sen chin sevarsan yuraging berib.

Ey Mirzo, ayb etma xasta yuraging,
Bir Allohni sevsang bas, sevgin yetar.
Hudodan so'ragin nedur tilaging,
Chidagin azoblar ham bir kun ketar!

54-Kettik, Jumaga do'stim!

Gunohlardan pok bo'lib,

Nur-u, rahmatga to'lib.

Qalbdan shaytonni yulib,

Kettik, Jumaga do'stim!

Haftada ulug' ayyom,

Olim-u, yoki avom.

Ezgulik izlab mudom,

Kettik, Jumaga do'stim!

Shaytonga berib zarba,

Nafsga uribsiz darra.

Qolmaydi gunoh zarra,

Kettik, Jumaga do'stim!

Olib qo'lga Joynomoz,

Masjidni etib e'zoz.

Taskin topgani biroz,

Kettik, Jumaga do'stim!

Olib tan-u, tahorat,
Din poklikdan iborat.
Topib qalbda jasorat,
Kettik, Jumaga do'stim!

Sayyidul Juma bugun,
Savobi behisob kun.
Qalbda yechilar tugun,
Kettik, Jumaga do'stim!

Juma deya pitirlab,
Kechir deya pichirlab.
O'tganlarni xotirlab,
Kettik, Jumaga do'stim!

Koyirlar ko'plar mani,
Osiy, gunoh bandani.
Qur'onni eshitgani,
Kettik, Jumaga do'stim!

Bugun barcha Malaklar,
Yozar ezgu tilaklar.
To'kilsin deb gunohlar,
Kettik, Jumaga do'stim!

Derlar to'rt Juma hoji,
Ibodatlar meroji.
Odam Ato merosi,
Kettik, Jumaga do'stim!

Tanir bo'lsangiz xatni,
O'qib sura A'hadni.
O'ylab qabr-lahatni,
Kettik, Jumaga do'stim!

Qur'on shifo-yu, Rahmon,
Qahf surasi nurjahon.
Haftada topib imkon,

Kettik, Jumaga do'stim!

Tavbangni qilgin Mirzo,
Qalbga to'ldirgin ziyo.
Qandayin sen bedavo,
Kettik, Jumaga do'stim!

Ibodat qilgin yig'lab,
O'y-hayolingni bog'lab.
Borgin kuchingni to'plab,
Kettik, Jumaga do'stim!

So'zni etgil muhtasar,
O'zingga solgin nazar.
Hudodan qo'rqib bashar,
Kettik, Jumaga do'stim!

55-O'zing asra Allohim!

Ko'zlarin etib lo'q -lo'q,
Lavzi bilan ishi yo'q.
Qilgan ishdan ko'ngli to'q,
Lavzsizlardan asragin!

Ishonch ila o'tdi kun,
Bedor bo'lib kun-u tun.
Nafsidir unga ustun,
Ma'lunlardan asragin!

Osmondagi va'dalar,
Avrab ko'nglingni olar.
Isbot etmay yo'qolar,
Shaytonlardan asragin!

Mirzo ismiga isnod,
Keltirar ba'zilar dod.

Bo'linglar ko'p ehtiyot,
Mirzolardan asragin!
Lavzi yo'q insonlardan,
Vijdonsiz ma'lunlardan.
Subutsiz shaytonlardan,
Yo-Rab! o'zing asragin!!!

56-Qismat

Dunyodan ham umidim katta edi,
Tilagim yoqmadi tilaksizlarga!
Xayolim namoz-u masjidda edi,
Iymonim yoqmadi iymonsizlarga!

Kurashdim beayov yolg'on g'iybat deb,
Bosqinim yoqmadi qurolsizlarga!
Oxiri ko'nikdim men qismatimga,
Qismatim yoqmadi yuraksizlarga!

Kuysam ham, yonsam ham hayotimda men,

Yonishim yoqmadi olovsizlarga!

Yolg'onni tan olsam g'oliblarcha men,

Masrurlik yoqmadi subutsizlarga!

Na kulishim yoqar, yoki yig'lashim,

She'rlarim ham yoqmas dushmanlarimga!

Savobim ham yoqmas, yoki gunohim,

Borligim yoqmadi keraksizlarga!

Yuzlarimda nim kulgu siz tufayli,

Duo eting yoki qarg'ish bo'lsa ham.

Mirzo tortgan g'amni tortsangiz mayli,

Quvonchim sig'masdi dunyolarga ham!!!

57-Makkaga bormoqchiman!

Qiyomatlik do'st topib,

Dilim shod etmoqchiman.
Razolatga siltab qo'l,
Makkaga bormoqchiman!

Borligim bir muammo,
Egnimda yirtiq joma.
Kambag'aldurman ammo,
Makkaga bormoqchiman!

Ishladim rahmat uchun,
Sarf etib sog'lik kuchim.
Oxiratimdir muhim,
Makkaga bormoqchiman!

Kimlar aldab musofir,
Kim nohaq kim landavur.
Sog'man shungayam shukr,
Makkaga bormoqchiman!

Nolimayman bergani,
Ollohim "bo'l" degani.
Telba demanglar mani,
Makkaga bormoqchiman!

Makka olamga mashhur,
Qalbing topadi huzur.
Iymon berdi ming shukr,
Makkaga bormoqchiman!

Obro' riyo uchunmas,
Shon-u shuhrat muhimmas.
O'z o'zimga qilib qasd,
Makkaga bormoqchiman!

Puli yo'q deb kulmanglar,
Ahvoli mandan tanglar.
Tushda botilni anglar,
Makkaga bormoqchiman!

Ohim yetsa Xudoga,
Ochdim qo'lim duoga.
Amr etgil Mirzoga,
Makkaga bormoqchiman!

57-Nafsim yomon nafsimdan!

Kam emasman hech kimdan,
Kuldi kimlar ustimdan,
Bilmay tushdim qay tundan,
Nafsim yomon nafsimdan!

Bozor,do'konmi barday,
Tun ham go'yo saharday,
Qishloq ham bir shaharday,
Nafsim yomon nafsimdan!

Osmon o'pgay binosi,

Ajab erur dunyosi,
Ko'z ko'r qilar zinosi,
Nafsim yomon nafsimdan!

Kimga yulduz kimga oy,
Kim boylik der kim chiroy,
Boylik mansab hoyna hoy,
Nafsim yomon nafsimdan!

Pitirlaydi tinch qo'ymay,
Oromiga hech to'ymay,
Buncha yaramas bay bay,
Nafsim yomon nafsimdan!

Uchta beshta to'ymaydi,
Hech holimga qo'ymaydi,
Asabimga o'ynaydi,
Nafsim yomon nafsimdan!

Yonin olsam erkalab,
Uyg'onar tong ertalab,
Bilmam nimadur talab,
Nafsim yomon nafsimdan!

Aniq jindek telbaman,
Qaysarligim bilaman,
Ehh, seni ne qilaman?
Nafsim yomon nafsimdan!

Necha yilki ko'ngil bo'sh,
Nima qilay, ayting xo'sh?
Ichib aytdi bitta qo'sh,
Nafsim yomon nafsimdan!

Mirzo nafsga erk berma,
Kerilib ko'krak kerma,
Keyin afsusda yurma,
Nafsing kuchli nafsingdan!

58-MUBORAK!!!

Ishonchim barbod etding,

Nafratim obod etding.

Pinhon orzuga yetding,

Shon-u, shuhrat muborak!

Inson sinoat jumboq,

Osiy bandadir gumroh.

Non tuzingni qilar oq,

Yangi xislat muborak!

Tishlar, non bergan qo'ling,

Chohga to'lgazar yo'ling.

Og'ritar chunon ko'ngling,

Azal qismat muborak!

Bilmadim qaysi millat,

Tayinsiz mavhum illat.
Shaytonga xos fazilat,
Qazo kulfat muborak!

Kuning o'tar ishratda,
Kimlar bilan xilvatda.
Uyalmaysan bir marta,
Yo'qolgan or muborak!

Senga ishonmay qo'ydim,
Yolg'ondan beshak to'ydim.
Dersan:"Pichoqsiz so'ydim",
Tortilgan dor muborak!

Senga har ne so'z bekor,
Na g'urur bor na-da or.
Shahvoniy nafs madadkor,
Nolayi zor muborak!

Aybi, nedur Mirzoni?

Kerakmi,senga joni?

Boqqani bor Xudoni!

Yozdi ash'or muborak!!!

59-Tushunmayman sizni odamlar!

Yuragimni o'rtadi g'amlar,

Goho chiqim ba'zida kamlar.

Armon endi yoqimli damlar,

Tushunmayman sizni odamlar!

To'y qilaman mavqeyimga mos,

Ulfat yaqin o'zligimga xos.

Shuncha dildan qilsam ham e'zoz,

Tushunmayman sizni odamlar!

Kiyim kiysam yilda bir yangi,

Tutib ketar dovrug'i dong'i.

Qalbni o'rtar dardimning changi,
Tushunmayman sizni odamlar!

Elga osh bersam men bir faqir,
Yeb bo'lib der: "Rasvo-yu, taxir".
Peshonam sho'r ekanku axir,
Tushunmayman sizni odamlar!

Pulsizman-u, berib turolmas,
Kulganimni chidab ko'rolmas.
Aybim nadur, ochiq aytolmas,
Tushunmayman sizni odamlar!

Xom o'rdimmi deyman arpasin,
Xushlamadim taklif ko'rpasin.
Yaratganni o'zi asrasin,
Tushunmayman sizni odamlar!

Tugab bitdi sabrlar sarson,

O'z holimga qo'ymaydi biron.

Mirzo etay desa ham mehmon,

Tushunmaydi sira odamlar!

Tushunmayman sizni odamlar!!!

60-Qarg'amang!!!

Og'ritsam garchi ko'ngil,

Qolib ketsa mendan dil.

Sabringiz sinib chil-chil,

Faqat, do'stim qarg'amang!

Gunohlarim turfa xil,

Ulug'lari ham sarxil.

Savodsizman, men baxil,

Himmat eting, qarg'amang!

Shundoq ham ko'ngil yarim,

Dard ustiga dardlarim.
Koʻrsangiz jigarlarim,
Bitta oʻtinch, qargʻamang!

Kimga kerak quruq sheʼr,
Tuzuk odam boʻlgin der.
Denglar Alloh insof ber,
Faqat, meni qargʻamang!

Sizga nima kimligim,
Bisyorligim kamligim.
Hamyon quruq namligim,
Kavlang, faqat qargʻamang!

Tur toʻgi Muso haqqi,
Surayu Niso haqqi.
Yagona Xudo haqqi,
Keling, faqat qargʻamang!

Yozdim sizga she'riy xat,
Toping unda sakinat.
Bo'lsinda ruhim zulmat,
Sira sassiz, qarg'amang!

Adadsizdirki savob,
Ka'bani etib tavof.
Berolmay qolmay javob,
Faqat, o'tinch, qarg'amang!

Bugun bir yorildimda,
Vijdon uyg'oq oldimda.
Sizni o'ylab toldimda,
Keling, endi qarg'amang!

Oting gardni daryoga,
Parvoz eting samoga.
Kulib turib Mirzoga,
Orqasidan qarg'amang!

Shoir Mirzo gʻoʻr Mirzo,
Dardga boydir zor mirzo.
Hatto yigʻidan kulsa,
Mirzoni siz qargʻamang!
Soʻnggi oʻtinch, qargʻamang!!!

61-Tushkunlikga tushmang odamlar!

Dilingiz oġrisa dunyo ishidan
Kòngling qolsa ham yaqin kishidan
Halovat yòqolsa chayon nishidan
Tushkunlikga tushmang odamlar!

Yoringiz dóstingiz etsa hiyonat
Betinim qilishsa hitob malomat
Qiyomatdan zohir bo'lsa alomat
Tushkunlikga tushmang odamlar!

Kulganin kòrganda ridosizlarni
Allohga tavallo nidosizlarni
Asiri bo'lganda ham Xudosizlarni
Tushkunlikga tushmang odamlar!

Bir dayus ayoling etganda tahqir
Huzurdan zavqlanib turmangda ahir
Norozi bòlmasin Mutakabbir
E'tiborsiz sira turmang odamar!

Munofiq alloma bersa gar fatvo
Muftiylik mansabin qilganda davo
Ergashib siz ham bo'lib mubtalo
Tushkunlikga tushmang odamlar!

62-SOG'INDIM...

To'lganda dilimga hasratu g'amlar,

Unut bo'lar nahot baxtiyor kunlar.
Aylansin ertakga yolg'onu chinlar,
Mayin kulgularing,mehring sog'indim!

Bunchalar qiynaydi hijron firog'i,
Yetmaydi bilaman yuragim ohi.
Yo'llaringga mushtoq ko'zim nigohi,
Shirin lablaringni, bolin sog'indim!

Ba'zan qilganim shu taqdirdan nolish,
Mahzun qo'shiqlarim etganda xonish.
Dunyoda kuydirar olovsiz yonish,
Jonsiz jasadman-u, jonim sog'indim!

Oyog'ing ostida etsangda abgor,
Roziman boringga sendan minnatdor.
Hanuz lek bo'salar etsada xumor,
Ki sharob ichmayin, sarxush sog'indim!

Yetti qat osmondan yog'ilsa balo,
Bilmadim senga bo'ldim mubtalo.
Qonimdan yurakga beribman jilo,
Osiymanu tangridan, dilxush sog'indim!

Mirzoman vaqosiz bitta lo'ttiboz,
Qalbimni shaytonlar aylagan e'zoz.
Haddimdan oshib yozgandim biroz,
O'zligim yo'qotib, behush sog'indim!

63-BAXTNI BILMADIM!

Do'stu dushmanlarni pulsiz sinadim,
Hayot sinovlariga so'zsiz chidadim.
Qanchalar egdilar sindirmoq uchun,
Yashadim, o'lmadim-baxtni bilmadim!

Sevganim qilmadi ayladi jafo,
Umrdek ekan u asli bevafo.

Bilmadim tug'ulib qildimmi xato,
Yig'ladim, kulmadim- baxtni bilmadim!
Yo'limda uchradi turfa janonlar,
Yuzida kulgu lek ichi ilonlar.
Azobidan titradi yursam tovonlar,
Sevmadim, suymadim-baxtni bilmadim!

Kunduzim tun ila almashib gohi,
Umr o'tib ketar behuda chog'i.
O'q kabi qadalgan raqib nigohi,
Kurashdim, yengildim-baxtni bilmadim!

Ba'zida arazdir, gohida gina,
Yoshim tinmadi bir zumgagina.
Beraqol azobing barchasin yana,
Yashashga keldimu- baxtni bilmadim!

Kunda ming bor o'lib ming tirilganda,

Peshonam qon bolib tosh urilganda.
Mirzoning qismati tekshirilganda,
Yashamay, yashadim-baxtni bilmadim!

64-Yig'lab turing

Ko'nglingizni gard bosmasin
Yurakni goh chog'lab turing
Ruhingizni dard yutmasin
O'z vaqtida yig'lab turing

Kimsa bilmas hilvatlarda
Gohi yolgiz fursatlarda
Farzu, sunnat nomozlarda
Duo qilib, yig'lab turing

Ranjisangiz ozorlardan
Oru ,iymon bozorlardan
Avf tilamay mozorlardan

Siz samimiy yig'lab turing.

Mirzo bo'lgin solih banda
Bo'lmay desang gar sharmanda
Gunohingni avf etsin Xudo
Ibodatda yig'lab turgin.

65-O'zing unut, o'zing top

Berib vadalar qop-qop
Zohiring pok nadur sof
Kerib ko'krak urmay lof
O'zing unut, o'zing top

Habaring yo'q bahor yoz
Emasdirsan fasli hos
Fitratingda yo'q ihlos
O'zing unut, o'zing top

Olgan sayqallar hushing
Befarq erur rost,tushing
Eslab andak o'tmishing
O'zing unut, o'zing top

So'zlagan har bir so'zing
Tasdiqlar haqdur ko'zing
Sayqali safo o'zing
O'zing unut, o'zing top

Boqgil samo ibratlan
Uchar yulduz fursatlan
Ketgaysan iymon bilan
O'zing unut, o'zing top

Qilma zinhor hatolik
Bo'lgin oliy baxolik
Topay desang Mirzolik
O'zing unut, o'zing top

66-***

Olib qochar hayollar meni
O'tdan olib, suvga soladi
Bilolmadim izlayman neni
Soyamga hamm soya soladi

Bilolmadim dunyolari yot
Topilmadi zarra bir najot
O'zligimni unutdim hayhot
Yuragimga armon to'ladi

Yoshim ketar, yoshlarim qurib
Mehr zorman ummonda turib
O'z holimga goh yig'lab kulib
Faqat Alloh aytgan bo'ladi

Mirzo bo'lsa kerak telbaroq
Yurar holi aftoda biroq

Bilmas o'zi nima yaxshiroq
Gunoh ketsa savob qoladi

67-Ilohiy san'at

Qoplab olar qalbimni hasrat
Toshar bilmam neuchun nafrat
Yer yuzida ishonchim faqat
Alloh bergan ilohiy san'at

Gohi tunlar bedor bo'lganda
Hech ilojsiz, nochor qolganda
Yaqinlarim o'zin olganda
Hamroh bo'ldi ilohiy san'at

Yuzda kulgu,qo'llarda hanjar
Kulib turib yurakka sanchar
Bemajol men yig'lasam agar
Shodlik bo'ldi ilohiy san'at

Mahzun tinglab "Choli iroqni"
Sehri tortar hamon "Ushshoqni"
Hamroh etib "Buzrukgohni"
Habib bo'ldi ilohiy san'at

Kunim ketar intihosiga
Yangi hayot ibtidosiga
Aylantirib fuqarosiga
Asir etdi ilohiy san'at

Yuragimni hijronda ortab
Olma jonim, bevisol yo rab
Ajr bergan ahloqga qarab
Mirzo etdi ilohiy san'at

68- "Surxon elin tanitgan inson"

(Taniqli yozuvchi Shukur Xolmirzayevning yorqin xotirasiga bag'ishlanadi)

Olislarga yetdi ovozi,
Xalq bo'ldi,chunon,undan rozi.
Haqiqat har bir yozgan so'zi,
Qalbimizda yashaydi mudom,
Surxon elin tanitgan inson!

Ona tuprog'in suygan u,
O'zbekning dardin bilgan u.
Sokin hayqiriq ham sado u,
Qalbimizda yashaydi mudom,
Surxon elin tanitgan inson!

Muqaddasdir u uchun Boysun,
Ijod qildi beayov har tun.
Tushdi Qahhor nazari bir kun,
Qalbimizda yashaydi mudom,
Surxon elin tanitgan inson!

Qismatiga aylandi adabiyot,
So'ngra bo'ldi u ulug' bir zot.
U uchun soxtalik mutloq yot,
Qalbimizda yashaydi mudom,
Surxon elin tanitgan inson!

www.ingramcontent.com/pod-product-compliance
Lightning Source LLC
LaVergne TN
LVHW020441070526
838199LV00063B/4802